Artistes | numéro 43

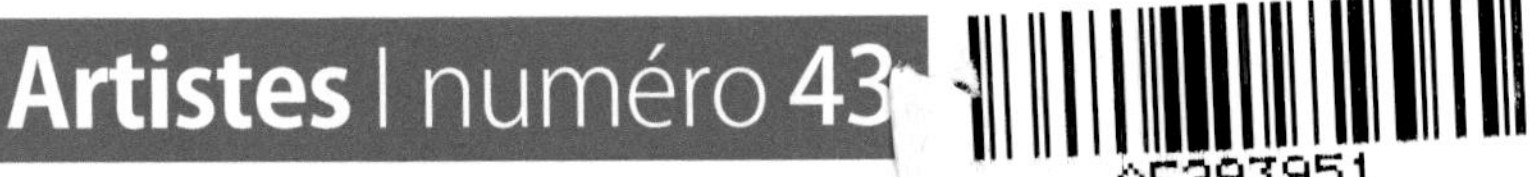

FRAGONARD
OU L'ART DE LA FRIVOLITÉ

— Les dernières heures du rococo

par Marion Hallet

50MINUTES

Avec la collaboration d'Elisabeth Bruyns

FRAGONARD

- **Nom ?** Jean-Honoré Fragonard.
- **Naissance ?** Né le 5 avril 1732 à Grasse.
- **Mort ?** Décédé le 22 août 1806 à Paris.
- **Contexte ?** La peinture rococo en France au XVIIIe siècle.
- **Œuvres majeures ?**
  - *Jéroboam sacrifiant aux idoles* (1752)
  - *Les Blanchisseuses* (vers 1758)
  - *Les Hasards heureux de l'escarpolette* (1767)
  - *Portrait de l'abbé de Saint-Non* (1769)
  - *La Liseuse* (vers 1770)
  - *La Fête à Saint-Cloud* (vers 1775)
  - *L'Adoration des bergers* (vers 1775)
  - *Le Verrou* (vers 1777)

Avec ses toiles charmantes et espiègles, voire érotiques, Jean-Honoré Fragonard est l'un des artistes les plus prolifiques du XVIIIe siècle. Aujourd'hui encore, il intrigue les historiens d'art, car la datation, la provenance et même l'attribution de bon nombre de ses tableaux sont incertaines, ouvrant ainsi la voie aux commentaires les plus invraisemblables et brouillant notre approche de son art.

Élève de Jean Siméon Chardin (1699-1779) et de François Boucher (1703-1770), qui comptent parmi les premiers artistes rococo, Fragonard remporte le prestigieux prix de Rome et intègre l'Académie française de peinture. Son œuvre suscite rapidement l'admiration de tous ses contemporains, mais l'esthétique rococo résiste mal à l'épreuve du temps. On dit souvent que les artistes de ce mouvement sont étrangers aux préoccupations de leur siècle, tout comme la noblesse de l'Ancien Régime, et leurs productions sont à présent davantage étudiées par intérêt historique qu'artistique. Un phénomène regrettable, car la peinture rococo se révèle étonnante et extrêmement riche.

En ce qui concerne Fragonard, en particulier, sa production est très variée : du portrait au genre pastoral, des scènes voluptueuses aux représentations familiales, il aborde un large éventail de thèmes. Sa patte est aisément reconnaissable en raison de la légèreté et du caractère amusant de ses sujets, de sa touche preste et habile, de son éclairage délicat et de ses couleurs fraîches qui inspireront les impressionnistes. De nos jours, il est perçu comme le témoin d'une mentalité frivole et d'une période insouciante – bien qu'elle ne le soit pas –, à l'aube de la Révolution Française, qui verra l'anéantissement des privilèges de l'aristocratie et l'inauguration d'une ère nouvelle. Ainsi, la peinture de Fragonard transmet l'éphémère fantaisie d'une époque à laquelle le climat politique et social est pourtant très instable.

CONTEXTE

L'EUROPE AU XVIIIᵉ SIÈCLE

Le XVIIIᵉ siècle est communément appelé « le siècle des Lumières », en référence au vaste mouvement philosophique et intellectuel qui voit le jour à cette époque et valorise la raison et l'esprit critique. Dans toute l'Europe, des philosophes et des écrivains dénoncent l'intolérance, l'absolutisme, l'obscurantisme et le fanatisme, propageant des idéaux de liberté et d'égalité qui donneront lieu aux premiers espoirs de démocratie. Aussi l'Église catholique perd-elle peu à peu son emprise et son autorité, tandis que les monarchies absolues de droit divin rencontrent l'opposition des peuples, décidés à prendre leur avenir en main. À la fin du siècle, la Grande-Bretagne adopte un régime démocratique parlementaire, les colonies britanniques d'Amérique forment les États-Unis suite à la guerre d'Indépendance (1775-1783) et, avec la Révolution française de 1789, l'Occident dit définitivement adieu aux lois de l'Ancien Régime, inaugurant un âge nouveau. Ces évolutions ne vont cependant pas sans heurts, et les sociétés doivent faire face à d'immenses défis, notamment une grave misère populaire.

En France, la Révolution signe le glas de la monarchie absolue de droit divin, dont les trois derniers règnes, ceux de Louis XIV (1638-1715), de Louis XV (1710-1774) et de Louis XVI (1754-1793), ont été désastreux sur les plans économique et financier. S'ouvre alors une période particulièrement trouble qui voit s'enchaîner différents régimes politiques : après une tentative pour instaurer un régime républicain en 1792, Napoléon Bonaparte (1769-1821) réalise un coup d'État en 1799 et instaure le Consulat, puis l'Empire en 1804. Bien que ce dernier, devenu Napoléon Iᵉʳ, engage d'importantes réformes et stabilise la situation économique du pays, l'entrée de la France dans le XIXe siècle est chaotique. Animé d'ambitions démesurées, l'empereur se lance dans une vaste politique de conquêtes qui lui attire les foudres des autres nations européennes. Exilé sur l'île d'Elbe en 1814, Napoléon Ier parvient à brièvement reprendre le pouvoir en 1815, pendant la période des Cent-Jours, mais il est définitivement vaincu à la bataille de Waterloo le 18 juin 1815. La monarchie est alors restaurée avec Louis XVIII (1755-1824) et Charles X (1757-1836) jusqu'en 1830, année qui verra éclore une nouvelle révolution.

PLAISIR ET LÉGÈRETÉ, UN ART DE VIVRE

Malgré ces nombreux bouleversements politiques, le siècle des Lumières est une période particulièrement riche sur le plan culturel et voit émerger plusieurs courants artistiques. Parmi eux, le style rococo prend son essor à partir des années 1730-1740, principalement en France, en Italie et en Angleterre, en marge des esthétiques dominantes de l'époque : le baroque et le classicisme. Longtemps considéré comme une dégénérescence de l'esthétique baroque et réduit à désigner l'ornement, le rococo – ou « style rocaille » – est revalorisé depuis quelques années en tant que phase distincte du baroque. Reprenant les formes compliquées et enchevêtrées de ce mouvement en les poussant encore plus loin, l'esprit qui sous-tend les réalisations artistiques rococo est pourtant radicalement différent : ce style, synonyme de fantaisie et de frivolité, se veut l'ambassadeur du plaisir, de la mondanité et de la joie de vivre. C'est un art intime et léger, voire même aérien, qui privilégie les tons pastel et la dissolution des formes à la vivacité des couleurs et à l'opposition, mot d'ordre du baroque. De manière générale, la peinture européenne gagne en fantaisie ce qu'elle perd en termes de monumentalité et de sérieux.

Le rococo fait écho, dans une certaine mesure, au changement des mentalités qui s'opère au XVIIIe siècle en Europe, plus précisément à l'idée naissante de la recherche du bonheur en tant que droit individuel et à la plus grande liberté de pensée et de mœurs. Mais si cette esthétique véhicule l'image d'une époque légère et frivole, il ne faut pas oublier que la réalité est beaucoup plus complexe. Le rococo est avant tout l'art de la noblesse et s'attache essentiellement à représenter un mode de vie idéal et paisible dans lequel loisirs et plaisirs règnent en maîtres. La plupart des artistes négligent le quotidien des petites gens, à l'exception notable de Jean Siméon Chardin qui met un point d'honneur à sublimer la réalité de ses concitoyens.

Si l'esthétique rococo est fortement appréciée au sein des classes sociales dominantes, sa popularité ne dure toutefois qu'un moment. En effet, la Révolution française rend obsolètes les scènes insouciantes et galantes, mettant définitivement un terme au mode de vie représenté dans ces peintures. De plus, dès les années 1750, l'essor de la tendance néoclassique, caractérisée un retour à l'Antiquité, à l'ordre et à la rigueur, marque une réelle rupture.

LA PEINTURE ÉROTICO-GALANTE EN FRANCE

En France, la peinture rococo connaît deux tendances majeures : d'une part, la peinture galante et légère, voire érotique, d'une société élégante et fastueuse ; d'autre part, la peinture d'intimité, quotidienne et bourgeoise. La première compte dans ses rangs d'éminents représentants tels que Jean-Antoine Watteau (1684-1721), François Boucher et Jean-Honoré Fragonard. La seconde, quant à elle, acquiert ses lettres de noblesse avec Jean Siméon Chardin et Quentin de la Tour (1704-1788).

La source de ce nouveau genre pictural, dit « érotico-galant », est à chercher dans l'ambiance de la cour de France sous le règne du roi Louis XV et, surtout, de sa favorite en titre, la marquise de Pompadour (1721-1764), qui s'érige en protectrice des arts et garante du bon goût. Celle-ci apprécie particulièrement la peinture de François Boucher, qui privilégie un style tout en fraîcheur, en légèreté et en lumière.

Loin des images érotiques contemporaines, les peintures érotico-galantes sont, certes, un brin voyeuristes, mais elles ne tombent jamais dans l'évidence vulgaire. Au contraire, elles préfèrent l'évocation et laissent davantage place à l'interprétation et à l'imagination. Cependant, de nombreux peintres français, dont Fragonard, abandonnent progressivement ce genre dans les années 1770 pour se diriger vers un art plus romantique et une évocation plus subtile des sentiments.

L'ART DE LA DÉCORATION

Dans les pays germaniques, le style rococo est appliqué à l'architecture, religieuse entre autres, et atteint une plus grande solennité, tandis qu'en France, il reste presque strictement cantonné au stade ornemental. Ainsi, l'art rococo français accorde surtout son attention aux décorations intérieures, qui prennent de plus en plus d'importance avec le développement du mode de vie aristocratique.

BIOGRAPHIE

DES DÉBUTS AU GRAND TOUR

Jean-Honoré Fragonard naît à Grasse, dans le Sud de la France, en 1732. Sa famille s'installe à Paris quand il a 6 ou 14 ans, selon les sources, et c'est là qu'il réalise l'ensemble sa carrière. Son aptitude pour le dessin et ses talents artistiques se révèlent très tôt. Adolescent, il travaille sous la houlette de Jean Siméon Chardin et entre ensuite en apprentissage chez François Boucher. L'influence de ce dernier est déterminante : il lui enseigne l'importance de s'inspirer des grands maîtres et de copier leurs œuvres pour mieux les appréhender, puis les dépasser. C'est également Boucher qui donne son élan à la carrière de Fragonard quand il soumet la candidature de son jeune prodige au concours pour le prix de Rome en 1752, que Fragonard remporte avec son tableau *Jéroboam sacrifiant aux idoles*. Cette distinction en poche, le jeune artiste intègre l'École royale des élèves protégés où il reste trois ans. L'institution est régie par Carle van Loo (1705-1765), une autre figure-clé dans l'apprentissage de Fragonard qui se fait d'abord remarquer pour ses peintures d'histoire aux sujets religieux.

Le jeune homme entame ensuite ce que bon nombre de ses prédécesseurs et collègues ont accompli avant lui afin de parachever leur formation et de perfectionner leurs connaissances : le grand tour. Il part en Italie en 1756 et se rend à la prestigieuse Académie de France à Rome. Il y passe cinq années au cours desquelles il étudie les paysages, rencontre le peintre vénitien rococo Giambattista Tiepolo (1696-1770) et se familiarise avec le style de l'artiste baroque Pierre de Cortone (1596-1669), qu'il admire. Assimilant les influences les plus diverses, Fragonard élabore progressivement un style singulier, empreint de douceur et d'un souffle de liberté. Parmi ses toiles de cette époque, citons *L'Orage* (vers 1759), *Le Taureau blanc à l'étable* (vers 1760), *Les Jardins de la villa d'Este à Tivoli* (1760-1763) ou encore *Renaud dans les jardins d'Armide* (vers 1763).

C'est également à Rome qu'il rencontre Jean-Claude Richard (1727-1791), abbé de Saint-Non, qui devient son mécène et son principal commanditaire. Ils voyagent ensemble en Sicile, en compagnie d'Hubert Robert (1733-1808), l'autre protégé de l'abbé de Saint-Non, et visitent Naples. Sur le chemin du retour en France, Fragonard séjourne à Florence, Bologne et Venise.

DU SUCCÈS À L'INDIFFÉRENCE

De retour au pays en 1761, Fragonard est un artiste reconnu. Il devient d'ailleurs membre de l'Académie royale de peinture en 1765. Il est donc logé au palais du Louvre, plus précisément dans la Cour carrée, en tant qu'artiste résident, et partage un atelier avec le peintre Jacques-Louis David (1748-1825), chef de file du néoclassicisme, qui devient son ami et, plus tard, le professeur de son fils. Fragonard opte cependant pour un tout autre genre de peinture, le style érotico-galant, qui rencontre un immense succès à la cour de Louis XV. Pourtant, après avoir exposé une dernière fois au Salon de 1767, il cesse de travailler pour les instances officielles et répond exclusivement à des commandes privées émanant souvent de ses amis. Avec des œuvres comme *Les Baigneuses* (1765), *Les Hasards heureux de l'escarpolette* (1767), *La Liseuse* (vers 1770) ou encore *La Lettre d'amour* (1770), Fragonard devient le peintre le plus en vogue de France, mais sa gloire sera cependant éphémère.

En 1769, l'artiste épouse Marie-Anne Gérard (1745-1823), elle-même peintre de miniatures et originaire de Grasse. Il l'appelle affectueusement sa « caissière », car elle gère vraisemblablement les finances du ménage. Ensemble, ils ont deux enfants : Rosalie, qui meurt à l'âge de 19 ans, et Alexandre-Évariste Fragonard (1780-1850), un sculpteur et peintre injustement négligé aujourd'hui. Ils vivent tous au Louvre, où ils accueillent également la sœur de Marie-Anne, Marguerite Gérard (1761-1837), une artiste-peintre de grand talent elle aussi, spécialisée dans le portrait et les scènes de genre. Marguerite aurait été l'élève de son beau-frère et il est possible qu'elle ait collaboré avec lui sur certaines de ses œuvres.

Entre les mois d'octobre 1773 et de septembre 1774, Fragonard entend retrouver l'inspiration et accompagne le comte de Nègrepelisse, Bergeret de Grandcourt (1715-1785), dans un nouveau voyage en Italie et en Europe centrale, dont ils visitent les plus belles villes. C'est probablement à ce moment-là que l'artiste se familiarise avec la peinture de Pierre Paul Rubens (1577-1640), de Frans Hals (1580-1666) et de Rembrandt (1606-1669), dont les influences seront décisives pour la suite de sa carrière. À cette époque, le néoclassicisme triomphe et le nom de Fragonard commence à être oublié. Il se retire alors dans sa ville natale, où il est fait membre de la commune des arts de Grasse. Cependant, le 18 décembre 1793, il est nommé conservateur au muséum central des arts grâce à Jacques-Louis David. Fragonard rentre donc à Paris et tente de se conformer à la sévérité du néo-classicisme, mais sans grand succès.

La mise en place des structures impériales n'est pas de bon augure pour le peintre : la noblesse, qui faisait vivre les arts en commandant des œuvres et en protégeant les artistes, est ruinée, disparue ou en exil. De plus, les artistes résidents du Louvre en sont chassés en 1805, car le monument est réorganisé en musée Napoléon. Le peintre se voit alors contraint d'emménager, avec son épouse, chez l'un de ses amis dans les galeries du Palais royal. Il décède un an plus tard, en 1806, dans l'indifférence presque générale, apparemment d'une attaque d'apoplexie.

CARACTÉRISTIQUES

LES DERNIÈRES HEURES DU ROCOCO

Fragonard est l'un des derniers représentants de l'éphémère et irrévérencieuse peinture rococo en France, qui a connu son apogée sous le pinceau de son maître, François Boucher. Style caractéristique d'une époque qui touche à sa fin avec l'approche de la Révolution française, le rococo chez Fragonard est cependant loin d'être épuisé. Alors que l'esthétique néoclassique, beaucoup plus sévère, occupe déjà le devant de la scène artistique, l'artiste, avec ses toiles frivoles, aériennes, colorées et gaies, donne au rococo un dernier élan.

Si l'artiste doit beaucoup à Boucher, il fait pourtant preuve d'une plus grande exubérance et d'une plus grande vitalité, notamment dans ses œuvres de jeunesse. Incontestablement, il est le représentant par excellence de cette période de l'histoire qui voit les aristocrates s'amuser à multiplier, dans les palais et les châteaux, les passages secrets, les portes dérobées, les petites alcôves, les boudoirs intimes et autres lieux conçus presque spécialement pour les chuchotements et l'échange de baisers volés. Se réappropriant le genre de la fête galante, cher à Antoine Watteau, il se fait fort de représenter l'atmosphère amusante et excitante des divertissements et des intrigues amoureuses des nobles dans des œuvres à l'humour pétillant, voire impertinent. C'est le signe d'une grande originalité, une qualité qui ne le quittera jamais.

DES THÈMES VARIÉS

Synonyme à juste titre de frivolité et de légèreté, la peinture de Fragonard ne peut néanmoins se réduire à ces deux caractéristiques. En effet, tout au long de sa carrière, le peintre a abordé des thèmes extrêmement variés : il a tour à tour approché le portrait, le paysage (souvent dans des grands formats pour souligner l'importance de la nature), l'allégorie, l'histoire, la religion, la mythologie ou encore les scènes de genre plus intimes.

À ses débuts, Fragonard reste attaché aux sujets traditionnels en produisant une peinture d'histoire et des paysages inspirés de l'Italie et des jardins de Tivoli à Paris. Par la suite, il se tourne vers l'érotisme galant, qui devient vite son gagne-pain principal auprès d'une aristocratie aux mœurs légères, pour ne pas dire décadentes. La toile *Les Hasards heureux de l'escarpolette* (1767), dans laquelle la jupe de la jeune fille se soulève et où la facilité du mouvement est ouvertement émoustillante, constitue l'exemple le plus significatif de ce genre libertin que Fragonard pratique durant plusieurs années. Bien que les sujets choisis tendent à l'érotisme, son approche est suffisamment légère pour ne jamais présenter la moindre note vulgaire. Il faut savoir qu'à cette époque, l'artiste ne peint déjà plus pour les instances officielles, ce qui lui permet de proposer une peinture plus personnelle et libre. Enfin, à partir des années 1770, Fragonard atténue peu à peu le caractère érotique de ses œuvres et se concentre davantage sur des thèmes évoquant la tendresse, le romantisme, la simplicité rustique, la vie enfantine ainsi que le bonheur domestique.

UNE TOUCHE FOUGUEUSE
ET UNE PALETTE CHATOYANTE

Influencé par Pierre Paul Rubens, Fragonard représente des corpulences pleines, charnues et saines, des indices de bonne santé et de richesse pour la noblesse de l'époque. De plus, ses figures masculines et féminines arborent une peau translucide rehaussée de touches roses, de doigts et d'orteils fins, de coiffures relevées et désordonnées qui leur donnent une apparence spontanée et naturelle, comme celles du célèbre peintre flamand.

Mais Fragonard s'inspire également de Rembrandt, imprimant à ses formes des contours flous et structurant ses compositions grâce à la technique du clair-obscur, ainsi que de Frans Hals, en apportant davantage de fluidité et de dynamisme à sa touche picturale. Il est d'ailleurs réputé comme l'un des peintres les plus rapides dans l'exécution de ses œuvres. D'une main leste, il développe un jeu de coups de pinceau libre, vigoureux et spontané, pour une touche picturale très particulière que plusieurs de ses collègues nomment « l'escrime ». La nervosité de sa touche, de même que la brillance et la fraîcheur de ses couleurs, sont également inspirées de la tradition vénitienne du XVIe siècle.

Afin de traduire les thèmes légers de ses compositions, Fragonard utilise une palette de couleurs composée à la fois de tons vifs et pastels, de roses tendres et nacrés, de jaunes et de verts qui dominent non seulement les figures, mais aussi les décors, spécialement les scènes boisées. Dans ses scènes d'extérieur, Fragonard glorifie la nature et lui insuffle une grande sensibilité en privilégiant un éclairage doux et atténué qui estompe les contours des figures et adoucit la composition générale. Par ailleurs, une tonalité argentée ou blonde dorée se dégage souvent de ses toiles, leur conférant un aspect presque irréel, hors du temps. Fragonard, originaire du Sud de la France, est notamment célèbre pour son jaune citron, chaud et éclatant, comme on peut le voir dans *La*

Liseuse (vers 1770). Cette œuvre, l'une des plus célèbres de la deuxième moitié du XVIIIe siècle et emblématique de la période « tendre » de sa carrière artistique, représente un moment intime, fascinant et précieux, annonçant déjà l'art de Pierre-Auguste Renoir (1841-1919).

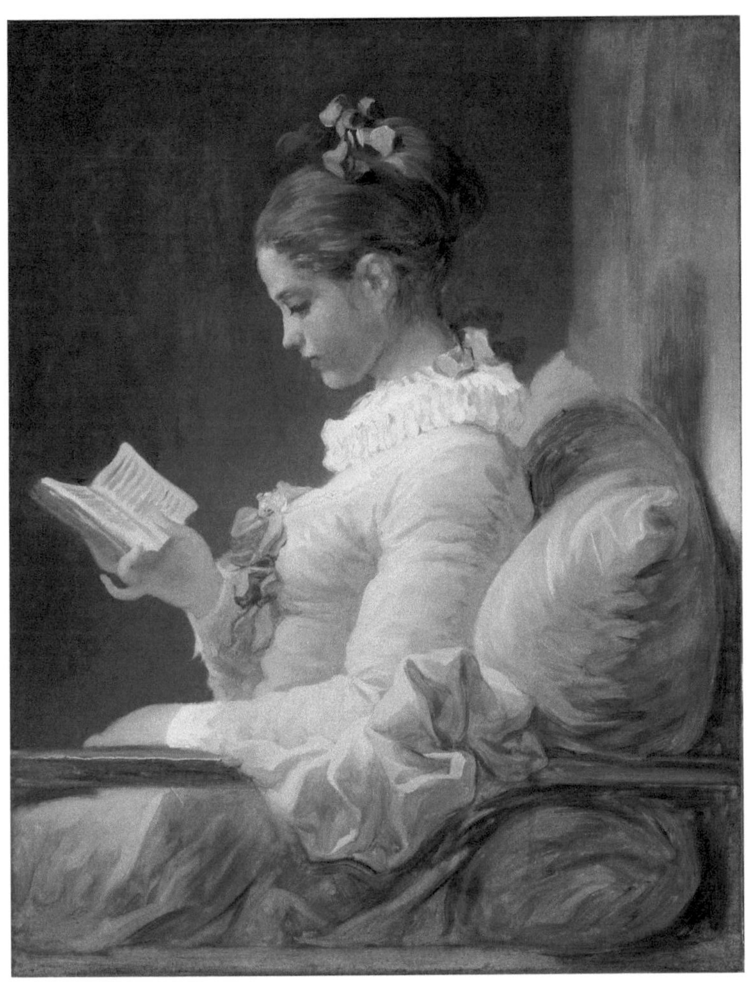

FRAGONARD (Jean-Honoré), *La Liseuse*, vers 1770, huile sur toile, 81,1 x 64,8 cm, National Gallery of Art, Washington.

SÉLECTION D'ŒUVRES

LES BLANCHISSEUSES

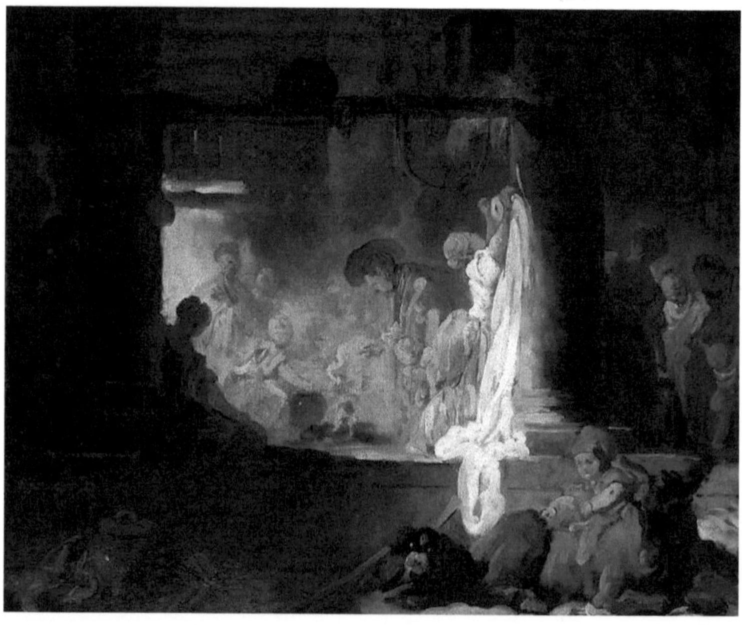

Les Blanchisseuses, vers 1758, huile sur toile, 54 x 69 cm, Rouen, musée des Beaux-Arts.

Bien qu'agréé peintre d'histoire par l'Académie, Fragonard se lasse vite des grands sujets historiques et cherche l'inspiration ailleurs, dans la beauté et la simplicité des gestes du quotidien. *Les Blanchisseuses* sont bien dans ce goût-là : quelques silhouettes de femmes s'activant dans un antre antique, un linge blanc étendu sur une colonne, des tons chauds (les ombres brunes et la jupe jaune de la blanchisseuse), des empâtements chargés de lumière et l'un ou l'autre savoureux détail, comme le chien et l'enfant vêtu de rouge sur un âne au premier plan. Cette toile, comme beaucoup d'autres œuvres de Fragonard, semble improvisée, exécutée aisément et avec une grande rapidité. La touche libre, pressée, presque désinvolte, crée une œuvre instantanée et touchante de vérité.

Fragonard peint *Les Blanchisseuses* au cours de son premier voyage en Italie, un séjour que l'on voit bien mis à profit dans cette toile : l'artiste y fait preuve d'une grande sensibilité à la lumière et à ses contrastes, une sensibilité qu'il a sans doute admirée chez les grands maîtres italiens – on pense bien sûr au Caravage (1571-1610). Par ailleurs, le clair-obscur de la composition démontre indéniablement sa connaissance de l'œuvre de Rembrandt. Pour Fragonard, une scène de genre comme celle-ci est un prétexte pour chiffonner des étoffes et jouer avec la lumière, le tout dans une sorte d'improvisation joyeuse et chaleureuse qui défie la gravité de la vie du petit peuple.

LES HASARDS HEUREUX DE L'ESCARPOLETTE

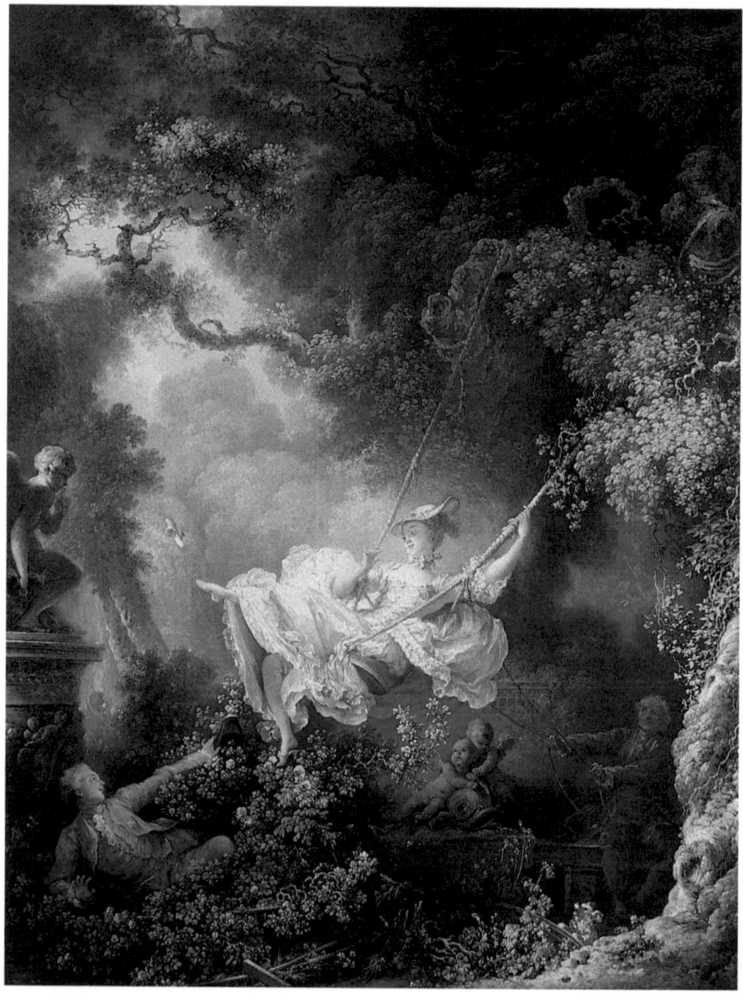

Les Hasards heureux de l'escarpolette, 1767, huile sur toile, 81 x 64,2 cm, Londres, The Wallace Collection.

Les Hasards heureux de l'escarpolette est sans aucun doute la toile la plus connue de Fragonard. Elle est aussi particulièrement emblématique de la finesse, de l'humour et de la joie de vivre chers à la peinture rococo. Mais c'est également probablement l'œuvre qui témoigne le mieux de l'habileté du peintre à marier deux éléments difficilement combinables : l'érotisme galant et la représentation de la nature. Il s'agit là d'un trait caractéristique de la peinture rococo française, plus précisément du genre de la fête galante, qui représente le particulier en y intégrant la tradition paysagère.

C'est également avec ce tableau que Fragonard développe son propre style. Il se réapproprie le genre de la fête galante, tout en se distinguant de Watteau en remplaçant sa délicate mélancolie par une licence audacieuse et amusée – pour preuve, la note malicieuse de la chaussure qui s'échappe. Le sujet est frivole, léger, presque libertin : dans une sorte de triangle amoureux, un homme tire les cordes de la balançoire d'une jeune femme, celle-ci tente vainement de rattraper son petit escarpin en levant la jambe et un furtif galant profite du spectacle inattendu, couché dans la végétation fleurie. La demoiselle, suspendue dans les airs, délicieuse dans les froufrous de sa robe rose et surtout alléchante, car au-delà de l'emprise de ses admirateurs, est le centre des regards. La facture précieuse du tableau et la sensualité de la palette sont donc en parfait accord avec le sujet. En outre, c'est l'une des toiles les plus léchées de Fragonard qui fait scintiller les matières, non seulement les étoffes satinées des vêtements, mais aussi les tendres carnations qui rappellent la porcelaine. Quant à la nature, le peintre la décrit comme complice, exubérante, protectrice et mystérieuse.

PORTRAIT DE L'ABBÉ DE SAINT-NON

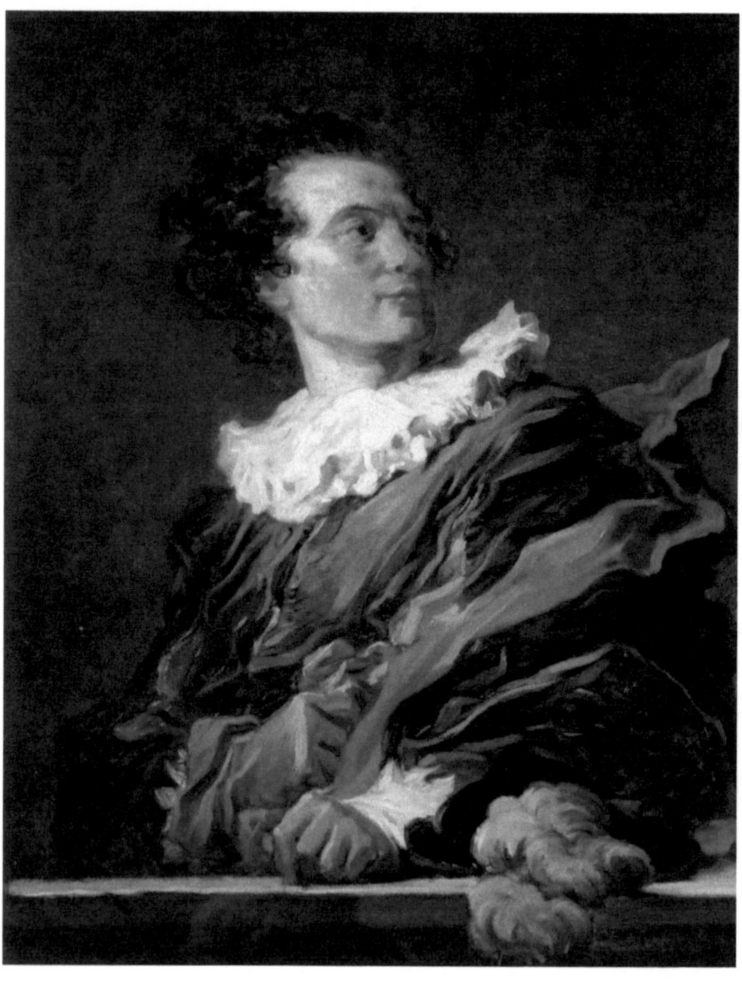

Portrait de l'abbé de Saint-Non, 1769, huile sur toile, 80 x 65 cm, Paris, musée du Louvre.

La touche alerte et rapide, signe du talent et de la virtuosité de Fragonard, est particulièrement visible dans cette toile où l'artiste élève en quelque sorte l'esquisse au rang de tableau achevé. L'étiquette collée au revers du tableau indique que l'œuvre a été « peinte en une heure de temps ».

Il ne s'agit pas exactement d'un portrait, mais plutôt d'une figure de fantaisie. C'est pourquoi la toile porte aussi le nom de *L'Inspiration*. L'appellation « figures de fantaisie » désigne un ensemble de toiles – elles seraient une quinzaine – de format identique peintes vers 1769 et qui représentent des portraits en buste de personnages accoutrés à la mode du siècle précédent. Ces figures de fantaisie soulèvent beaucoup de questions et l'on ignore encore l'identité exacte des modèles de Fragonard, de même que la signification et la fonction de ces portraits qui se rapprochent plus du pastiche. Quel est leur degré de ressemblance avec leurs modèles ? Est-ce essentiel ? Quelle place l'imagination du spectateur occupe-t-elle ?... Fragonard, en plus de livrer un portrait de l'abbé de Saint-Non, veut vraisemblablement rendre hommage à la vitalité de son ami et protecteur par la puissance expressive de ses coups de pinceau et l'audace de ses couleurs.

LA FÊTE À SAINT-CLOUD

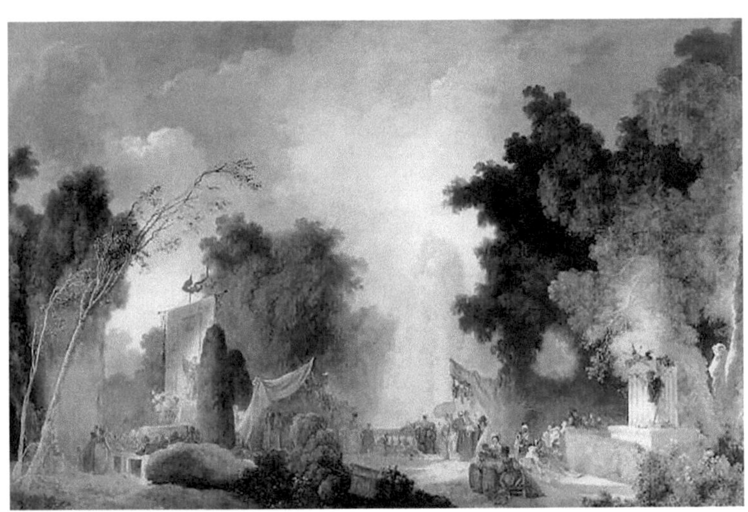

La Fête à Saint-Cloud, vers 1775, huile sur toile, 214 x 334 cm, Paris, Banque de France.

Pour son plus grand tableau, Fragonard choisit un sujet simple : des dames, des gentilshommes et des enfants se promènent et assistent à divers spectacles et démonstrations. Plaçant au centre de la composition une fontaine aux puissants jets d'eau, le peintre divise vaguement ses figures en deux groupes : à gauche, on observe ainsi des saltimbanques sur une estrade et, à droite, un montreur de marionnettes et ses spectateurs. Le soleil sépare les plans et éclaire certains groupes.

La référence à l'œuvre de Watteau, qui peint très souvent l'Arcadie mythique, est assez évidente, surtout à son célèbre tableau *Le Pèlerinage à l'île de Cythère* (1717). Les deux peintures accordent une place importante à la nature, à la végétation et au ciel. En effet, dans une grande harmonie verte et or, Fragonard rend justice, avec un éclairage contrasté, à l'espace que réclament le ciel et les frondaisons des arbres du bois de Boulogne. C'est d'ailleurs dans la représentation de la nature que réside la beauté de cette toile : il s'agit d'une nature pacifiée, domptée, joyeuse et accueillante. Fragonard multiplie les notes amusantes en proposant une foule de situations différentes : une fillette et sa mère, un singe et un cerceau, un homme qui salue de son chapeau la présentatrice, etc. Dans cette évocation des plaisirs, rien n'annonce la fin toute proche d'une époque...

LE VERROU

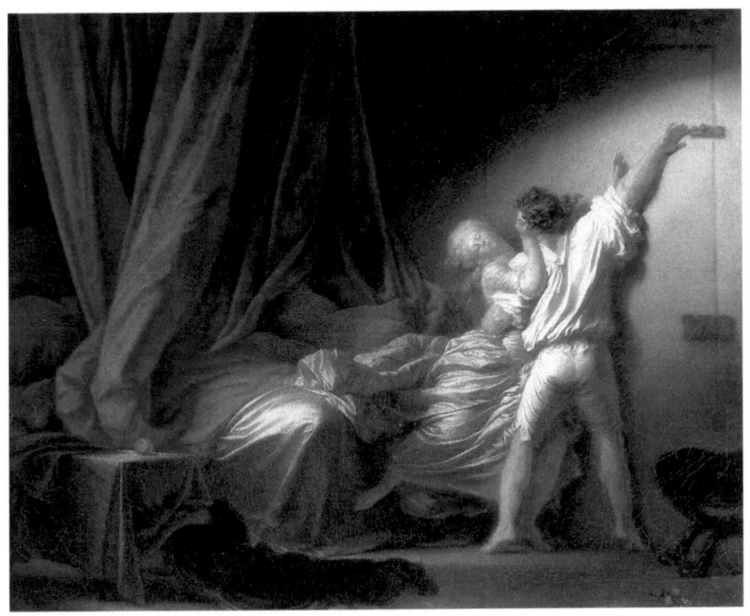

Le Verrou, vers 1777, huile sur toile, 74 x 94 cm, Paris, musée du Louvre.

Le Verrou est la toile de Fragonard qui déchaîna le plus les passions et qui suscita, jusqu'à aujourd'hui, les interprétations les plus abracadabrantes. L'artiste peint *Le Verrou* entre 1775 et 1778, au retour de son second voyage en Italie, lors duquel il tente de renouer avec l'inspiration. À cette époque, sa peinture prend une nouvelle voie stylistique, celle d'un fini plus lisse qui rompt avec celui de ses productions antérieures. Le peintre veut prouver qu'il est capable de s'adapter aux nouvelles attentes du public en matière de goût : le néoclassicisme a le vent en poupe et Fragonard commence alors subtilement à s'éloigner des thèmes frivoles pour proposer des œuvres à la tonalité plus dramatique.

Ici, le parallèle avec la production de Rembrandt est immédiat, notamment à travers le *sfumato*, cet aspect légèrement flouté qui adoucit les contours des formes, le choix d'une palette restreinte de couleurs chaudes (rouge, pourpre, or) et le clair-obscur puissant qui structure la composition. Celle-ci est construite suivant une grande diagonale qui confère un caractère intense à la scène, voire même une certaine gravité, selon l'interprétation que l'on en fait.

En effet, il existe de nombreuses lectures de cette œuvre énigmatique. Il pourrait notamment s'agir d'une scène galante dans laquelle le personnage féminin résisterait mollement à la passion de l'homme qui l'enlace de son bras gauche et ferme prestement le verrou de la porte de la chambre afin de laisser libre cours à l'amour physique. Pourtant, le grand lit est déjà défait et la pièce est en désordre. Certains y ont donc vu une scène de viol. Si chacun peut interpréter l'œuvre comme il l'entend, il est en tout cas certain qu'elle fait référence à la pulsion sexuelle, surtout masculine. Fragonard a d'ailleurs pris soin de dissimuler, à travers la disposition des objets, plusieurs symboles érotiques : une chaise renversée, des roses, etc. Mais ce sont les formes presque organiques du lit et des draps épars qui expriment le plus la dimension résolument sexuelle de la toile : beaucoup y voient des formes phalliques, voire même un troisième corps qui serait caché sous les draps...

Pour appuyer le caractère érotique de ce tableau, il faut également noter que *Le Verrou* est peint pour le marquis de Véri (1722-1785), qui a préalablement commandé à l'artiste *L'Adoration des bergers* (vers 1775). Les deux tableaux peuvent ainsi être considérés comme étant le pendant l'un de l'autre, et donc comme complémentaires. Tandis que *L'Adoration* représente l'amour sacré, sa force et sa spiritualité, *Le Verrou* serait la parfaite illustration de l'amour profane et du désir physique. Cette dernière toile peut également représenter le péché – la présence d'une pomme, symbole de la faute commise par Ève dans le jardin d'Éden corrobore cette interprétation –, péché racheté par la naissance du Christ illustrée dans *L'Adoration*. Opposées ou complémentaires, il est en tout cas certain que ces deux toiles bouleversent la hiérarchie des genres picturaux en offrant la possibilité qu'une scène galante puisse renfermer une conception moralisante.

- 27 -

FRAGONARD, UNE SOURCE D'INSPIRATION

Étant l'un des derniers représentants de la peinture rococo en France, Fragonard n'a pas de descendance picturale directe. Les années précédant la Révolution française sont graves, à mille lieues de l'atmosphère frivole et érotique proposée par Fragonard dans ses toiles. D'ailleurs, comprenant les changements colossaux qui se profilent peu à peu, ce dernier adopte, un peu malgré lui, un style plus sobre, davantage en adéquation avec l'idéal et l'esthétique néoclassiques de son époque et qui inspirera plusieurs artistes, dont Jacques-Louis David. Certains voient en effet dans la sévérité des toiles de David une influence des lignes plus nettes et plus définies de la fin de carrière de Fragonard, bien que la palette de David prenne une direction beaucoup plus sombre.

Mais si Fragonard n'a pas eu d'influence directe sur les peintres ultérieurs, son œuvre, reflet de la liberté de mœurs de son époque, a néanmoins joué un rôle déterminant dans la formation d'une image stéréotypée de la manière d'être et d'agir « à la française ». Ancrée dans l'inconscient collectif occidental, cette représentation de la France frivole, luxueuse, colorée, passionnée et de bon goût, mais au bord du gouffre, a encore cours de nos jours et est surtout associée aux relations amoureuses. Les impressionnistes, qui se plaisent eux aussi, quoique très différemment, à représenter la légèreté et les loisirs populaires, relayent en quelque sorte cette douceur de vivre à la française. Après une courte période d'oubli, Fragonard est donc redécouvert à la fin du XIXe siècle, de même que d'autres artistes rococo, et exerce alors une grande influence sur l'impressionnisme, un mouvement qui s'intéresse notamment aux moments de beauté fugaces, aux impressions éphémères et à la représentation du plaisir.

Parmi les impressionnistes les plus admiratifs de l'œuvre de Fragonard, citons d'abord Edgar Degas (1834-1917) qui, tout comme le peintre provençal, excelle dans la représentation des jeunes filles. Degas peint surtout des danseuses et porte notamment son attention sur le tourbillon des costumes, mais il s'inspire également de la lumière douce de Fragonard. Berthe Morisot (1841-1895) s'inspire quant à elle des thèmes domestiques de la dernière période de Fragonard et lui emprunte également ses couleurs délicates et sa lumière douce et tachetée. Enfin, Pierre-Auguste Renoir est souvent comparé à Fragonard, plus que les autres impressionnistes, car tous deux peignent la frivolité de leur temps, des jardins ensoleillés aux plaisirs de la nuit Les couleurs chaudes et brillantes de Renoir ainsi que la spontanéité de ses toiles sont clairement inspirées du travail de Fragonard.

- Jean-Honoré Fragonard naît à Grasse en 1732 et révèle très tôt de grandes aptitudes artistiques. Élève de Chardin, de Boucher et de Van Loo, il acquiert les meilleures références et gagne notamment le prestigieux prix de Rome en 1752. Il effectue alors son grand tour, lors duquel il est particulièrement influencé par la lumière et les couleurs de la peinture vénitienne.

- Mais l'art de Fragonard s'inspire également des figures charnues de Rubens, de la lumière contrastée de Rembrandt et de la touche fluide de Frans Hals.

- D'abord adepte de la peinture d'histoire, il trouve vite sa voie dans l'esthétique rococo, légère, insouciante et irrévérencieuse. Il remet alors au goût du jour un genre rendu populaire par Watteau : la fête galante, dont la toile *Les Hasards heureux de l'escarpolette* (1767) est particulièrement emblématique. Cependant, le rococo est le style d'une époque qui touche à sa fin, et à partir des années 1770, Fragonard se concentre davantage sur des thèmes intimistes évoquant le bonheur domestique.

- La patte de Fragonard est aisément reconnaissable : elle se caractérise par la frivolité des sujets, quelques notes malicieuses, une touche preste et habile, un éclairage délicat et des couleurs fraîches qui inspireront les impressionnistes.

POUR ALLER PLUS LOIN

SOURCES BIBLIOGRAPHIQUES

- ARASSE (Daniel), *Le Détail. Pour une histoire rapprochée de la peinture*, Paris, Flammarion, 1992.
- BÉNÉZIT (Emmanuel) (dir.), *Dictionnaire critique et documentaire des peintres, sculpteurs, dessinateurs et graveurs de tous les temps et de tous les pays par un groupe d'écrivains spécialistes français et étrangers*, volume 12, Paris, Gründ, 1999, p. 626-629.
- BOULOT (Catherine), CUZIN (Jean-Pierre) et ROSENBERG (Pierre), *J.H. Fragonard e H. Robert a Roma*, Rome, Villa Médicis, 1990-1991.
- CUZIN (Jean-Pierre), *Jean-Honoré Fragonard. Vie et œuvre*, Fribourg-Paris, Herscher, 1987.
- CUZIN (Jean-Pierre) et SALMON (Dimitri), *Fragonard. Regards croisés*, Paris, Mengès, 2007.
- « De Watteau à Fragonard, les fêtes galantes », in *Musée Jacquemart-André*, consulté le 13/09/2014.
  http://www.musee-jacquemart-andre.com/fr/evenements/watteau-fragonard-fetes-galantes
- DUFFY (Stephen) et HEDLEY (Jo), *The Wallace Collection's Pictures: A Complete Catalogue*, Londres, The Trustees of the Wallace Collection, 2004.
- FAROULT (Guillaume), *Le Verrou. Jean-Honoré Fragonard*, Paris, RMN, 2007.
- « Fragonard, les plaisirs d'un siècle », in *Musée Jacquemart-André*, consulté le 13/09/2014.
  http://www.musee-jacquemart-andre.com/fr/evenements/fragonard-plaisirs-dun-siecle
- FRANCK (Jacques), « *Le Verrou* dans l'œuvre de Fragonard », in *L'Estampille*, n° 227, juillet-août 1989, p. 68-82.

- « Jean-Honoré Fragonard (1732-1806). Exposition imaginaire », in *Musée du Louvre*, consulté le 13/09/2014. http://musee.louvre.fr/expo-imaginaire/fragonard/index_fr.html
- PERCIVAL (Melissa), *Fragonard and the Fantasy Figure. Painting the Imagination*, Farnham, Ashgate Publishing, 2012.
- ROSENBERG (Pierre), *Dictionnaire amoureux du Louvre*, Paris, Plon, 2007.
- ROSENBERG (Pierre), *Du dessin au tableau. Poussin, Watteau, Fragonard, David et Ingres*, Paris, Flammarion, 2001.
- ROSENBERG (Pierre), *Fragonard. Tout l'œuvre peint*, Paris, Flammarion, 1989.
- ROSENBERG (Pierre) et BREJON DE LAVERGNÉE (Barbara), *Saint-Non. Fragonard. Panopticon italiano. Un diario di viaggio ritrovato. 1759-1761*, Rome, Edizioni dell'Elefante, 1986.
- ROSENBERG (Pierre) et DUPUY (Marie-Anne) (dir.), *Fragonard*, catalogue d'exposition (Paris, Grand Palais, 24 septembre 1987-4 janvier 1988 ; New York, Metropolitan Museum of Art, 2 fevrier-8 mai 1988), Paris, RMN, 1987.
- SOLLERS (Philippe), *Les Surprises de Fragonard*, Paris, Gallimard, 1987.

SOURCES ICONOGRAPHIQUES

- FRAGONARD (Jean-Honoré), *La Fête à Saint-Cloud*, vers 1775, huile sur toile, 214 x 334 cm, Paris, Banque de France. La photo reproduite est réputée libre de droits.
- FRAGONARD (Jean-Honoré), *La Liseuse*, vers 1770, huile sur toile, 81,1 x 64,8 cm, National Gallery of Art, Washington. La photo reproduite est réputée libre de droits.
- FRAGONARD (Jean-Honoré), *Les Blanchisseuses*, vers 1758, huile sur toile, 54 x 69 cm, Rouen, musée des Beaux-Arts. La photo reproduite est réputée libre de droits.

- FRAGONARD (Jean-Honoré), *Les Hasards heureux de l'escarpolette*, 1767, huile sur toile, 81 x 64,2 cm, Londres, The Wallace Collection. La photo reproduite est réputée libre de droits.
- FRAGONARD (Jean-Honoré), *Le Verrou*, vers 1777, huile sur toile, 74 x 94 cm, Paris, musée du Louvre. La photo reproduite est réputée libre de droits.
- FRAGONARD (Jean-Honoré), *Portrait de l'abbé de Saint-Non*, vers 1769, huile sur toile, 80 x 65 cm, Paris, musée du Louvre. La photo reproduite est réputée libre de droits.

SOURCE COMPLÉMENTAIRE

- *L'Amour dans les plis. Le Verrou de Jean-Honoré Fragonard*, documentaire d'Alain Jaubert, France, 1991, sur http://boutique.arte.tv/palettesfragonard, consulté le 13/10/2014.

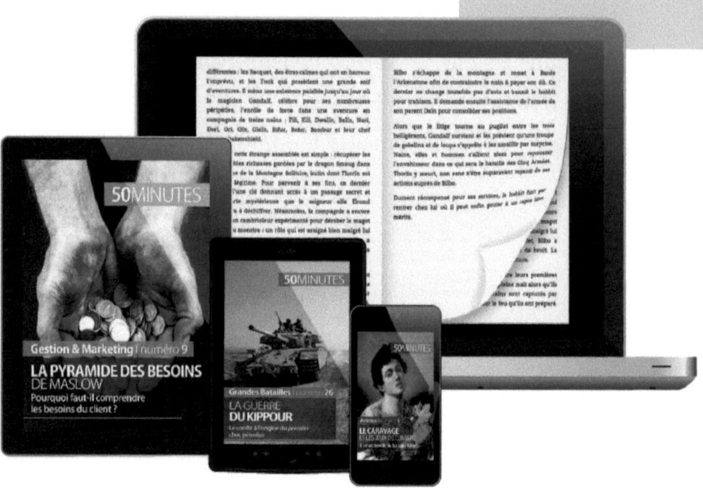

www.50minutes.com

Éditeur responsable : Lemaitre Publishing
Rue Lemaitre 4 | BE-5000 Namur
info@lemaitre-editions.com

ISBN ebook : 978-2-8062-5844-1
ISBN papier : 978-2-8062-5845-8
Dépôt légal : D/2015/12603/4
Photo de couverture : © *Les Hasards heureux de l'escarpolette* (1767), par Jean Honoré Fragonard.

Conception numérique : Primento, le partenaire numérique des éditeurs